FRANZ WIEACKER

Cicero als Advokat

SCHRIFTENREIHE
DER JURISTISCHEN GESELLSCHAFT e.V.
BERLIN

Heft 20

Berlin 1965

WALTER DE GRUYTER & CO.

vormals G. J. Göschen'sche Verlagshandlung · J. Guttentag, Verlagsbuchhandlung
Georg Reimer · Karl J. Trübner · Veit & Comp.

Cicero als Advokat

Von

Dr. Franz Wieacker

Professor an der Universität Göttingen

Vortrag
gehalten vor der
Berliner Juristischen Gesellschaft
am 29. April 1964

Berlin 1965

WALTER DE GRUYTER & CO.

vormals G. J. Göschen'sche Verlagshandlung · J. Guttentag, Verlagsbuchhandlung
Georg Reimer · Karl J. Trübner · Veit & Comp.

Archiv-Nr. 2 727 65 3/4

Satz und Druck: ⑤ Saladruck, Berlin 65

I.

Über Cicero als Anwalt[1] sprechen heißt mit einer Facette
seines vielgestaltigen Wesens bekannt machen, die im allgemeinen
Bildungsbewußtsein nicht gegenwärtig ist, dem Cicero als römi-
scher Staatsmann der ausgehenden Republik oder als Erzieher
Europas zur Philosophie, Ethik und Politik vorschwebt.[2] Als
Gymnasiasten lernten wir ihn kennen aus seinen großen politi-
schen Reden gegen Catilina oder Marcus Antonius, aus seiner
Lehrschrift über den Staat, besonders aus dem herrlichen Somnium
Scipionis; wenn wir Glück hatten, noch aus seinen lebensvollen
Briefen an die Freunde und (als Lehrstoff für junge Leute sonder-
bar genug) aus seiner Trostschrift über das Greisenalter (*Cato
maior de senectute*). Im ganzen tut die Schule recht an dieser
Auswahl. Sie kann nichts Besseres tun als dem jungen Deutschen

---

[1] Über Cicero als Sachwalter vgl.: GASQUY, Cicéron jurisconsulte (Paris
1886); COSTA, Le orazioni di diritto privato di Marco Tullio Cicerone (1899)
und Cicerone guirisconsulto (1927); HUMBERT, Les plaidoyers écrits et les
plaidoyers réels de Cicéron (1925); LAURAND, Etudes sur le style des discours
de Cicéron I—III⁴ (1936); LANFRANCHI, Il diritto nei retori romani (1938);
ARANGIO-RUIZ, Cicerone, in Ciceroniana I 2 (1959) 3 ff.; neuestens BROGGINI,
Aus Ciceros Anwaltstätigkeit, in Neue Juristische Wochenschrift 1962, 1049—
1656; PUGLIESE, Cicerone fra diritto e retorica, in Studi in onore di
J. C. Jemolo (Mailand 1962) 7 ff. d. Sonderabdrucks. Ferner noch: GREENIDGE,
The Legal Procedure at Cicero's Time (1901); JOBBÉ-DUVAL, in Mel. Cornil I
(1926) 515 ff. A. MICHEL, Rhétorique et philosophie chez Cicéron (Paris
1960). Zuletzt ARANGIO-RUIZ — E. LONGI — G. BROGGINI, Marco Tullio
Cicerone. Le orazioni pro Quinctio, pro Roscio Amerino, pro Roscio
comoedo (Mailand 1964) 9 ff; 133 ff; 283 ff; 367 ff. (Introduzioni e note)
K. BARWICK. Das rednerische Bildungsideal Ciceros, in Abh. d. Sächs. Akad.
d. Wiss.; Phil.-Hist. Kl. 54, 3 (Berlin 1963) und etwa A. D. LEEMAN,
Orationis ratio (Amsterdam 1963).

[2] Über Cicero im allgemeinen (neben den Würdigungen in den Stan-
dardwerken der Römischen Geschichte, unter ihnen die berühmte Verurteilung
in Theodor MOMMSENS Römischer Geschichte) etwa M. GELZER, Cicero, in
Pauly-Wissowas Realenzykl. d. Altertumswiss. VII (1939) 827 ff.; DRUMANN
(-GROEBE), Gesch. Roms in seinem Übergang v. d. republ. zur monarch. Ver-
fassung² (1899—1929) V 338 ff.; SCHANZ-HOSIUS. Gesch. d. röm. Lit.⁴ (1927)
414 f. Zuletzt KARL BÜCHNER, Cicero. Bestand u. Wandel seiner geistigen
Welt (Heidelberg 1964).

zeigen, wie in der öffentlichen Rede Wort und Geist unmittelbar
zur politischen Aktion werden oder gar, wie Leidenschaft zum
Staate und humane Kultur eines werden können — woran soviel
in unserem Lande gebricht.

Aber die Schule kann nur kleine Ausschnitte des ganzen
Lebenswerkes Ciceros geben, das als ein ganzes der Humanisie-
rung und geistigen Formung seiner *res publica* galt. Das begann
mit seinen Jugendschriften zur Rhetorik, die schon um die Frage
kreisen, wie man sich fürs öffentliche Leben in Rom auszubilden
habe; es setzte sich fort in den rhetorischen Lehrschriften der Rei-
fezeit, in denen Cicero die philosophische, moralische und politische Kultur von Hellas dem spröden, aber gewissenhaften römischen Geiste assimilierte, und in den Reden und Briefen, die er
selbst als gewollte Muster literarischer und rhetorischer Kultur
hinterließ. Durch all dies ist Cicero der größte Erzieher Roms zu
geistigen und humanen Formen des öffentlichen Lebens geworden;[3] und soweit immer die europäische Bildung auf der
klassischen lateinischen Literatur beruht, auch ein Erzieher Europas, der von seinen Anfängen bis tief ins 19. Jahrhundert hinein
allgegenwärtig war.

Dem Deutschen fällt vielleicht die Würdigung dieser Zivi-
lisationsleistung schwerer als dem lateinischen und überhaupt
den westeuropäischen Nationen. Das hängt mit den besonderen
Bedingungen unserer Kultur zusammen. Die mehr religiöse und
metaphysische Richtung unseres Geistes, seine ursprüngliche Ferne
zum Staat und zum politischen Engagement, schließlich das Fehlen einer für alle Gebildeten maßgebenden hauptstädtischen
Gesellschaft: dies alles brachte es mit sich, daß dem zweiten deutschen Humanismus die griechischen Sternbilder höher standen als
die römische Zivilisation; daß Homer oft mehr galt als Vergil,
Alkaios und die Sappho mehr als Horaz, Plato und Augustin

---

[3] Dazu außer Ed. Meyers berühmten Werk über Cäsars Monarchie und
den Prinzipat etwa noch SYME, The Roman Revolution[3] (Oxford 1960) passim
(Index zu Cicero); Alfr. HEUSS, Cicero und Matius, Zur Psychologie d. re-
volutionären Situation in Rom, in Historia 5 (1956) 57 ff. F. KLINGNER,
Röm. Geisteswelt[4] (1963) 922 ff.; K. BÜCHNER, Cicero, Grundzüge seines
Wesens, in Stud. z. röm. Literatur II (Wiesbaden 1962) 1 ff.; M. FUHRMANN,
Politisches Programm u. Staatstheorie, in Gymnasium 67 (1960) 481 ff.; Theo
MAYER-MALY, Gemeinwohl und Naturrecht bei Cicero, in Festschr. A.
Verdroß (Wien 1960) 195 ff. Vgl. auch H. WILLRICH, Cicero und Cäsar
(Göttingen 1944).

mehr als Cicero und Seneca. Nun trifft es allerdings zu, daß
„reine" Dichtung, „reine" Metaphysik und „reine" Wissenschaft
griechische, nicht römische Entdeckungen sind. Aber die deutsche
Parteilichkeit für das Griechenerbe hat auch hier ihre bedenkliche Seite, und tiefer Blickende haben sie gelegentlich berührt:
daß nämlich vom Ideal einer allgemeinen Humanität ohne Staat,
ohne Polis die Gefahr droht, daß die Humanität unpolitisch und
somit Staat und Politik inhuman bleiben, und daß also die freie
Gesellschaft verantwortlicher Staatsbürger mit einer konformen
moralischen und kulturellen Gesittung, die sich im Staate voll-
endet, nicht geleistet wird.

In unserem Lande haben daher auch die Wortführer einer
Zivilisation, die im Wortsinn des Individuums zum *civis* macht
(wie etwa Montaigne, Francis Bacon, Voltaire und Lessing),
meist weniger gegolten als die großen Unbedingten. Selbst in
einem Goethe, der beides vereint, hat die Nation den reinen
Dichter bereitwilliger angenommen als den Erzieher zur öffentlichen Gesittung. Noch das harte Urteil Theodor Mommsens über
Cicero erklärt sich bei einem so politischen Menschen zum Teil
aus dieser weltfremden Unbedingtheit. Den ganzen Beitrag
Ciceros zur Gesittung Roms und der europäischen Welt wird in
der Tat nur verstehen, wer nicht im metaphysischen Schöpfertum
oder in der frei strömenden Kantilene der reinen Dichtung oder
Musik die elementaren Pfeiler menschlicher Kultur erblickt, sondern in Urbanität, Solidarität des Bürgers mit seinem Staat, all-
gemein anerkannten Maßen der öffentlichen Moral und nicht zuletzt in der Achtung vor dem freien vernünftigen Wort.

Freilich ist Cicero auch in Rom eine außerordentliche Erscheinung gewesen. Der Mann, dessen Idee vom humanen römischen Staat in der Wirklichkeit der Bürgerkriege so grausam
scheiterte, ist der moralische und politische Erzieher Roms als ein
Außenseiter der regierenden Gesellschaft seiner Zeit geworden.
Aus respektablem Grundbesitz der italischen Provinz, gehörte
er doch von Haus aus nicht zu der alten Nobilität, in deren Hän-
den seit vielen Jahrhunderten und auch zu seiner Zeit in der
großen römischen Revolution, die der Einherrschaft des Augustus
vorausging, der Staat lag. Aber Cicero war doch Römer genug,
mit allem vitalen und geistigen Ehrgeiz die Teilhabe an der
Führung dieses Staates zu suchen. Es bleibt sein Ruhm, zwischen

4

den machtbefangenen und oft gewissenlosen Akteuren dieser
Revolution seinen Weg zum höchsten Staatsamt gefunden zu
haben auf dem einzigen legitimen Wege, auf dem in Rom *gratia*
und *auctoritas, d. h.* Prestige und Geltung zu gewinnen waren:
nämlich durch die Macht der öffentlichen Rede. Damit machte
Cicero nicht nur aus einer Not eine Tugend, da ihm ja allerdings
als *homo novus* der direkte Weg zur Macht durch die üblichen
Konnexionen der Adelsgesellschaft nicht offen stand; sondern
dieser Weg entsprach auch der zweiten ursprünglichen Leidenschaft des jungen Cicero, die seinem öffentlichen Ehrgeiz die
Waage hielt; der für die hellenische Bildung. Cicero ist vielleicht
der einzige römische Staatsmann des Jahrhunderts vor Augustus,
dessen innerste Existenz durch die griechische Bildung wirklich
bestimmt ist, und zugleich der einzige römische Humanist seiner
Zeit, der sich ganz der Leidenschaft zum Staat hingegeben und
zuletzt buchstäblich geopfert hat.

II.

Und damit sind wir schon beim Ort der Gerichtsrede in
seinem Lebenswerk.[4] Die Kunst der öffentlichen Rede, die Rhetorik, ist im griechischen Stadtstaat geboren; sie hatte ihren
natürlichen Schauplatz auf der Agora und vor den Volksgerichten
Attikas. Mit dem Niedergang des griechischen Stadtstaates und
vor allem in den hellenistischen Monarchien zog sich die Redekunst mehr und mehr aus der Politik zurück; sie beschränkte sich
jetzt auf die philosophische Kunstrede, die Preis- und Festrede,

---

[4] Zur römischen Gerichtsrede, vornehmlich Ciceros, außer den oben
Anm. 1 und sogleich Anm. 5 (zur Rede pro Roscio com.) Genannten besonders
noch das ausgedehnte, schwer ausschöpfbare Hauptwerk Moritz VOIGTS, Das
jus naturale, aequum et bonum und *jus gentium* der Römer, bes. I (Leipzig
1856) 34—63 (aequitas im Zeitalter Ciceros); u. 176—212 (Ciceros Lehre
vom *jus naturale);* ferner III (1875) 294—307 (Controverse der ciceroniani-
schen Zeit über die Geltung je von *rigor legis* und *aequitas);* J. STROUX,
Summum ius summa iniuria (1927), Neuabdruck in Römische Rechtswissenschaft u. Rhetorik (Potsdam 1949 Stichnote Verlag) 1—80 und Der griech.
Einfluß auf d. Entwickl. d. röm. Rechtswissensch. ebd. 81—107 (beide mit in
der Romanistik stark umstrittene Einschätzungen und Bewertungen). Reichste
Ausbeute ferner in KELLERS unvergleichlichen Semestrium ad Marcum
Tullium Ciceronem libri sex (Turici 1842 ff.) und in den einschlägigen Ein-
zeluntersuchungen zu den juristischen, besonders den privatrechtlichen Reden
Ciceros (vor allem pro Quinctio, pro Caecina, pro Tullio; einzelnes auch
in den Reden gegen Verres).

zumal auf das Herrscherlob, sowie auf das Anwaltsplädoyer. Bei alledem blieb sie immer das Hauptstück für die Vorbereitung der gebildeten Jugend auf das öffentliche Leben.

Seit der Mitte des 2. Jhs. v. Chr. widerfuhr nun dieser griechischen Rhetorik das Wunder, daß sie in der mächtigen römischen Adelsrepublik einen neuen Schauplatz für große öffentliche Wirkungen und einen neuen Schüler fand. Durch die kulturelle und soziale Öffnung der Nobilität in den beginnenden Reformkrisen Roms drang sie auch dort rasch ein. Seit dem Ende des 2. Jhs., ein bis zwei Generationen vor Cicero, begann eine von großen Rednern zu hoher Blüte geführte römische Beredsamkeit unmittelbaren Einfluß auf Politik und Rechtsprechung zu gewinnen. Diese Lage fand Cicero bei seiner Berufswahl Ende der 80er Jahre vor.

Wo die forensische Beredsamkeit das öffentliche Leben zu beherrschen beginnt, wird sie das natürlich nicht im Alltag des kleinen Zivilprozesses tun, sondern im politischen Prozeß und in den großen Strafsachen. Auch die wichtigeren Gerichtsreden Ciceros sind in solchen Prozessen gehalten worden: von der Verteidigung des von politischen Gegnern als Vatermörder angeklagten Roscius Amerinus über den Korruptionsprozeß gegen den sizilischen Provinzialgouverneur Verres bis zu einem bedenklichen Plädoyer für den oligarchischen Bandenführer Milo. Aber wer überhaupt erst den Weg in die Öffentlichkeit sucht, wird sich vorerst mit bescheideneren Rollen begnügen müssen, und das sind, nach der öffentlichen Wirkung hin, die Zivilprozesse. Den Ehrgeiz des jungen Cicero reizten sie freilich nur, wo sie einen politischen Einschlag hatten, wie der Prozeß des P. Quinctius, oder wo es galt, einem in der Öffentlichkeit bekannten und gefeierten Manne wie dem Schauspieler Roscius einen Gefallen zu tun. Wir wählen im folgenden als ein besonders anschauliches Beispiel für Ciceros Anwaltsplädoyer gerade diese Rede für den Schauspieler Roscius.[5]

---

[5] Literatur zur Rede pro Q. *Roscio comoedo:* BETHMANN-HOLLWEG, Der römische Civilprozeß II (Bonn 1865) 804—827, dazu P. KRÜGER, ZRG 7 (1868) 237—243; J. BARON, Der Prozeß gegen den Schauspieler Roscius, in SZ 1 (1880) 116—151; JOBBÉ-DUVAL, Études sur l'histoire de la procédure civile chez les Romains I (1899) 31 ff.; R. v. MAYR, Die condictio des römischen Privatrechts (Leipzig 1900) 46—73 (zu pro R.); H. J. ROBY, Essays on the law in Cicero's private orations (Cambridge 1902) 30—51; dazu L. WENGER,

6

III.

Bevor wir diesen Rechtshandel schildern, soll noch kurz der Platz des Gerichtsredners im Rollenplan des damaligen Zivilprozesses skizziert werden. Dieser Prozeß vollzieht sich in zwei Abschnitten. Vor dem Prätor, der kein Richter ist, sondern höchste Rechtsprechungsbehörde, einigen sich die beiden Parteien über ein Prozeßprogramm, ähnlich wie bei den Schiedsgerichten unserer Zeit. Danach weist der Prätor mittels einer Prozeßinstruktion einen ehrenamtlichen Schiedsmann aus einer Liste an, nach diesem Programm Beweis zu erheben und das Urteil zu sprechen. In dem sehr einfachen Fall einer Klage auf eine Geldsumme ohne nähere Bezeichnung des Schuldgrundes, wie er glücklicherweise gerade unserem Prozeß zugrunde liegt, heißt die Instruktion einfach „Gnaeus Calpurnius Piso soll Richter sein. Wenn sich herausstellt, daß der Beklagte Roscius dem Kläger Fannius 50 000 Sesterzen schuldig ist" (etwa 8 750 Goldmark), „verurteile den Roscius zugunsten des Fannius in diesen Betrag; wenn nicht, weise die Klage ab". In unserem Fall hatte also Piso durch Beweiserhebung den Sachverhalt zu ermitteln und demgemäß zu erkennen, ob Roscius die 50 000 schuldete oder nicht. Cicero spricht in dem Augenblick, wo die Beweise erhoben sind, also im Schlußplädoyer.

Im eigentlichen Prozeß sind also anwesend der Iudex, die beiden Parteien, die Zeugen und das Publikum. In wichtigeren Fällen nehmen sich die Parteien als *patroni* routinierte Sachwalter, die das Schlußplädoyer für Klage und Verteidigung halten. Die Patrone stellen sich den Parteien der Idee nach aus Uneigennützigkeit zur Verfügung; ein Honorar ist u. U. Anstandspflicht,

SZ 23 (1902) 470; H. H. Pflüger, Ciceros Rede pro Q. Roscio comoedo (Leipzig 1904); ders., Condictio und kein Ende, in Festschr. d. Bonner jur. Fakultät f. P. Krüger (1911); J. Duquesne, A travers la condictio, in Nouv. Rev. Hist. 32 (1908) 213—224; U. Robbe, L'autonomia dell'actio certae creditae pecuniae e sua distinzione dalla condictio, in StDoc 7 (1941) 35 ff., zu pro Roscio bes. 54 ff.; F. Schwarz, Die Grundlage der condictio im klass. röm. Recht (Münster-Köln 1952) 285—291; Broggini, Iudex arbiterve (Köln u. Graz 1957) 199—218; Arangio-Ruiz, Le orazioni (Anm. 1) 283 ff. Zu beachten ist freilich die stilistische Sonderstellung dieser Rede, die Cicero selbst später (Brutus 317) als *ornatus* und *acer* kennzeichnet (K. Büchner aO. [Anm. 2] 105 f: „Der Stil ist aufgelöst, verwendet im stärksten Maße die rhetorische Frage, ... strotzt von Antithesen, parallelen Gliedern, Schmucktiteln der Rhetorik.")

aber jedenfalls nicht einklagbar (und heißt eben deshalb ‚Ehren-
geld‘).

Es ist für den modernen Betrachter überraschend, daß keiner
der Beteiligten in der Regel Jurist ist. Die großen römischen
Fachjuristen stehen außerhalb des Prozesses und über ihm; sie
erteilen auf Ansuchen dem Prätor, dem Richter oder den Parteien
unentgeltliche Rechtsgutachten oder sonstige Rechtsbelehrung.[6]
Die Richter sind vielmehr angesehene Männer des öffentlichen
Lebens: zunächst Senatoren; seit den Reformen der Gracchen
auch Ritter, d. h. Angehörige des Geldadels; zur Zeit unserer
Rede, nach der Restauration Sullas, wohl vorübergehend wieder
nur Senatoren. Der Patron aber ist als Gerichtsredner nicht so-
wohl fachjuristisch, als vielmehr rhetorisch geschult. Seine Auf-
gabe ist nicht die sachliche juristische Argumentation, sondern
das schwungvolle Plädoyer.

Nun setzt natürlich zu allen Zeiten die Entfaltung foren-
sischer Beredsamkeit die Resonanz eines Publikums voraus.
Heute sind in Zivilsachen bekanntlich Rednerlorbeern nicht zu
ernten; wer hört da schon im Gerichtssaal zu? Anders war es in
Rom. An der Geburtsstätte der antiken Gerichtsrhetorik, in
Athen, hatten seit dem 5. Jh. vielköpfige Volksgerichte bis zu
600 Mitgliedern dem Redner diese große Resonanz gegeben. Mit
der Demokratisierung Roms waren auch dort große Volks-
gerichtshöfe entstanden, vor allem für die großen Strafsachen
und in den sog. Zentumviralgerichten, in denen aus 105 Männern
bestellte Kurien mit vielen Richtern über Freiheit, Erbrecht und
Eigentum urteilten. In solchen *magnae causae* stand dem Gerichtsredner ein großer öffentlicher Schauplatz zu Gebot; und es sind
in der Tat diese Geschworenenhöfe, welche die größten Tage
der römischen Gerichtsredner gesehen haben.[6a]

Die kleineren Zivilsachen wurden meist vor dem Einzelrichter verhandelt. Aber auch hier fehlte ein größeres Publikum
nicht, wenn sie öffentliches Aufsehen erregten, sei es wegen der
beteiligten Personen oder wegen eines politischen Einschlages.
Dabei müssen wir uns die Intimität und Überschaubarkeit des
antiken Stadtstaats, auch Roms, vor Augen halten, die öffent-

---

[6] Statt aller etwa WIEACKER, Der römische Jurist, in Vom röm. Recht[2] (Stuttgart 1961) 128 ff.; mit weiteren Nachweisen 312 f.
[6a] Vgl. Cicero De Oratore I 175—183 u. ö.

8

liche Schaulust des antiken Südländers und das fast sportliche
Interesse des römischen Publikums für das angestammte Rechtswesen. Solcher Art sind nun auch die Zivilprozesse des jungen
Cicero. Hier war auch sonst mit einem größeren Kreis von ein-
flußreichen Hörern zu rechnen. Auch der Einzelrichter pflegt
nach typisch römischer Sitte ein *consilium*, d. h. ein erfahrenes
Freundesgremium heranzuziehen[7]; zur moralischen Unterstüt-
zung stellen sich die Freunde, Cliquen und Claquen der Prozeß-
parteien in möglichst großer Zahl ein. Und bei einer Verhandlung
unter dem freien heiteren Himmel Roms, wie sie damals wohl
noch die Regel ist, stellt sich leicht ein breiteres Publikum ein. Für
das Verständnis der Absichten und Wirkungen des Redners
Cicero sollten wir uns diesen weiten öffentlichen Rahmen immer
gegenwärtig halten.

IV.

Beteiligte und Sachverhalt unseres Prozesses geben ein far-
biges Bild vom gesellschaftlichen und wirtschaftlichen Leben jener
Zeit. Die Klage gegen Roscius wurde Mitte der 70er Jahre vor
dem Iudex *Calpurnius Piso* verhandelt. Die alte Familie der
Pisonen[8] ist allgemeiner bekannt durch ihre Verschwägerung
mit Julius Cäsar durch seine letzte Frau und Witwe Calpurnia;
mehr als ein Jahrhundert später ging sie nach dem Scheitern der
großen Verschwörung gegen Nero zugrunde. Beklagter war
Roscius, der gefeiertste Schauspieler seiner Zeit.[9]

Die gesellschaftliche Stellung des Schauspielers[10] hat sich in
Rom ähnlich entwickelt wie später noch einmal in Europa.

---

[7] WIEACKER aO. 130 f. Grundlegend neue Auffassungen jetzt bei
W. KUNKEL, Untersuchungen zur Entwickl. d. röm. Kriminalverfahrens in
vorklass. Zeit (München 1962), bes. 79 ff. u. ö.
[8] Zu den Pisones: F. MÜNZER, Art. Calpurnius Nr. 57—100 (bes. 63:
C. Calp. P.; in RE 3 (1899) Sp. 1374—1400 (bes. 1376 f.); ders. Art. Piso,
RE 20 (1950) Sp. 1800 f.; ders. Röm. Adelsparteien u. Adelsfamilien (Stuttgart 1920) bes. 364 ff.; GROAG, Calpurnius 280—300, in Prosopographia
imperii romani saec. I, II, III Bd. 2 (Berlin u. Leipzig 1936) 54—73 (mit
Stemma Pisonum); R. SYME, The roman revolution³ (Oxford 1960) pass.
(s. Index).
[9] Über Q. Roscius Gallus: VON DER MÜHLL in Pauly-Wissowas Real-
enzyklopädie I A (1920) 1123 ff.; vgl. auch sogleich Anm. 10.
[10] Dazu etwa FRIEDLÄNDER, Sittengeschichte Roms (hier zit. nach der
Kölner Phaidonausgabe² 1957) 514 ff. („Das Theater"), bes. 520 ff. (Schauspieler) und 533 (zu ihrer schlechten sozialen Stellung und den Ausnahmen).

Nach altrömischer Auffassung war der Histrione, der aus
seinen körperlichen Vorzügen und Fähigkeiten ein Gewerbe
macht, ein bürgerlich unehrlicher Mann. Als sich aber in
Rom eine literarisch interessierte Gesellschaft bildete, gaben
diese Kreise jene alten Vorurteile auf, während die Rechts-
ordnung nachhinkte; ein ähnliches Bild, wie der Aufstieg
des deutschen Schauspielers im 18. Jh., den etwa Wilhelm
Meisters Lehrjahre so anschaulich schildern.

Gerade diese arrivierte Stellung des großen Mimen in der
römischen Gesellschaft machte diese Patronage für Cicero reiz-
voll. Durch ihn lernen wir Roscius als spontanen und großzügi-
gen, aber auch nach Künstlerart in Geldsachen etwas ungenauen
Mann kennen. Demgegenüber ist der Kläger Fannius ein typi-
scher Vertreter der rücksichtslos nach materiellem Gewinn stre-
benden Geschäftswelt der späten römischen Republik; wir
werden sein entschieden vulgäres Portrait durch Cicero noch
näher kennenlernen.[11]

Der Sachverhalt war dieser: Roscius und Fannius hatten
einen Gesellschaftsvertrag geschlossen. Danach sollte Roscius
einen Sklaven des Fannius, einen anstelligen und schauspielerisch
begabten jungen Mann namens Panurgus (im Wortsinne ,Facto-
tum‘) zum Schauspieler ausbilden; seine Gagen sollten dann
zwischen den Partnern geteilt werden. Man wird sich das so vor-
zustellen haben, daß der junge Mann nach seiner Ausbildung
sich engagieren ließ und seine Gage, vermutlich abzüglich des
eigenen Unterhalts und Aufwands, an seine beiden Miteigentümer abführte.

Zunächst ging alles planmäßig. Panurgus wurde wirklich
erfolgreich ausgebildet und begann seinen beiden Herren gute
Anfängergagen zu verdienen; es ist nach heutigem Gelde von
3 500 Goldmark die Rede (die höchsten Stargagen sollen damals
bis zu 100 000 Goldmark, wohl für die Saison, gegangen sein).
Da trat der Zwischenfall ein, an dem sich der Streit entzünden
sollte: Panurgus wurde von einem gewissen Flavius getötet.

Von den näheren Umständen der Tat erfahren wir zufällig
nichts; es mag sich um einen Eifersuchtsakt, einen Raufhandel
oder auch um fahrlässige Tötung gehandelt haben. Fremdartig
wie die antike Sklavenwirtschaft überhaupt sind für uns auch
die Rechtsfolgen einer Sklaventötung. Nach dem älteren Recht

gab es hier keine öffentliche Mordanklage. Vielmehr stand nach der sehr alten *Lex Aquilia* dem Herrn des Getöteten gegen den Täter eine nicht kriminelle Klage auf den gesamten Schaden, mit Einschluß des entgangenen Gewinns, zu. Gehörte der Sklave z w e i Herren, wie in unserem Falle der Panurgus dem Roscius und dem Fannius, so stand der Ersatzanspruch jedem Miteigentümer selbständig z u r H ä l f t e zu. Zu Ehren der Römer sei erwähnt, daß daneben spätestens seit der Kaiserzeit auch die öffentliche Mord- oder Totschlagsanklage möglich wurde.

Nach dem Totschlag klagten also Fannius und Roscius als Miteigentümer gegen den Täter Flavius je auf die Hälfte des vollen Schadens; und zwar ermächtigte Roscius den geschäftlich routinierten Fannius, als Prozeßbevollmächtigter *(cognitor* oder *procurator)* auch gleich die Hälfte des Roscius mit einzuklagen. Während dieser Prozeß noch im Gang war, begann sich der wohl etwas sprunghafte Roscius auf eigene Faust mit dem Täter Flavius zu vergleichen. Flavius, der offenbar nicht liquide war, trat ihm zahlungshalber einen Grundbesitz ab, der zur Zeit unseres Prozesses immerhin 35 000 Goldmark wert war. Dieses Verfahren wäre ganz und gar unzulässig gewesen, wenn Roscius sich eigenmächtig gleich auch über den Anteil des Fannius mit verglichen hätte; das ist offenbar nicht der Fall. Auch so war es illoyal, weil nun fraglich wurde, ob Flavius noch etwas zur Abfindung des F a n n i u s übrig behalten würde.

Der aufgebrachte Fannius verlangte also von Roscius Beteiligung an dem Abfindungsobjekt, und es kam darüber zunächst zu einem a u ß e r g e r i c h t l i c h e n Schiedsverfahren. Schiedsrichter war damals derselbe Piso, der jetzt in u n s e r e m Prozeß amtlich bestellter Iudex ist.

Die Rechtsfragen sind einfach und auch dem heutigen Juristen sofort zugänglich. Ohne uns lang aufzuhalten, sagen wir nur, daß der Anspruch des Fannius begründet war. Damals wie heute verpflichtete ein Gesellschaftsvertrag jeden Gesellschafter, mit dem Partner a l l e s abzurechnen, was er aus einschlägigen Geschäften erhalten hatte. Dazu gehörte sicher auch die Abfindung für den getöteten Panurgus, auch wenn sie sich nur auf den Miteigentumsanteil des R o s c i u s beschränkte. Daß Fannius nicht sofort vor dem Prätor g e r i c h t l i c h wegen Verletzung des Gesellschaftsvertrages klagte, erklärt sich aus gesellschaftlichen Rücksichten. Die Verurteilung im gerichtlichen *iudicium pro socio* machte infam, bürgerlich ehrlos; und solange das Tischtuch zwischen den Parteien noch nicht ganz zerschnitten war und man sich noch zu arrangieren hoffte, scheute Fannius diese Klage, die einen tödlichen Angriff auf die gesellschaftliche Existenz des Gegners (etwa wie heute eine Strafanzeige wegen U n t r e u e) bedeutet hätte.

Dieser Rechtslage entsprechend kam es auf Vorschlag des Schiedsrichters Piso zum außergerichtlichen Vergleich. Roscius versprach dem Fannius 100000 Sesterzen (17500 Goldmark), also wirklich die Hälfte seines Abfindungsanteils für den Sklaven Panurgus. Fannius versprach umgekehrt für den noch ungewissen Fall, daß er seinerseits noch etwas von Flavius herausschlüge, die Hälfte dieses Betrages. Auch dies war nach römischem (wie nach heutigem) Gesellschaftsrecht rechtens.

In der Folgezeit hat Roscius zunächst wirklich eine erste Rate von 50000 bezahlt. Aber die zweite und letzte Rate in gleicher Höhe hat er nicht mehr entrichtet. Wenn wir Cicero glauben dürften, hätte er hierfür einen vernünftigen Grund gehabt: inzwischen hätte nämlich wirklich Fannius von Flavius noch einmal auf seinen eigenen Anteil 100000 erstritten; da er davon ja seinerseits die Hälfte an den Partner Roscius abführen müßte, hätte sich Roscius gerade für quitt angesehen. Aber Fannius sah es anders: er klagte auf die restlichen 50000 aus dem Vergleich. Für dieses nunmehr gerichtliche Verfahren bestellte der Prätor zweckmäßigerweise als Richter wieder denselben Piso, der seinerzeit schon den Vergleich zustande gebracht hatte. Mit Ciceros Rede sind wir in der Schlußverhandlung dieses Prozesses. Als Sachwalter des Klägers hatte ein sonst nur wenig bekannter Redner Saturius gesprochen; als Patron des Beklagten Roscius spricht jetzt Cicero.

Die nähere Betrachtung der nun eingetretenen Rechtslage darf ich Ihnen ersparen. Es genügt hier, daß nach unserem besten Wissen Roscius Unrecht hatte. Er hatte ersichtlich im Vergleich die 100000 versprochen — so sehr sich Cicero auch müht, das aus der Welt zu reden. Diese Schuld wurde auch — anders als im heutigen Recht — durch etwaige Gegenansprüche gegen Fannius n i c h t berührt. Wenn Fannius gar nichts mehr vom Totschläger Flavius erhalten hatte, gab es für Roscius natürlich gar keinen Grund, die Zahlung der zweiten Rate zu verweigern. Aber selbst wenn Fannius — wie Cicero behauptet — noch einmal 100 000 Sesterzen erhalten hatte, von denen er nach dem Vergleich tatsächlich die Hälfte an Roscius abzuführen hatte, mußte Roscius doch verurteilt weren. Denn (anders als im heutigen Recht) konnte er nach dem römischen Recht seiner Zeit gegen Ansprüche aus einem strengen Schuldversprechen — die Klage aus der Stipulation einer festen Geldsumme ist insofern etwa der heutigen Wechselklage vergleichbar — seine Gegenforderung aus dem Vergleich weder außergerichtlich noch im Prozeß aufrechnen; vielmehr hätte er seinerseits noch einmal gegen den Fannius klagen müssen (da er gegen den Kläger nicht gleich eine *exceptio doli* beantragt oder durchgesetzt hatte). Roscius mußte also auf Zahlung von 50 000 Sesterzen verurteilt werden, und das ist auch die Meinung der meisten modernen Beurteiler.[11] Ob es wirklich geschah, wissen wir nicht: daß Cicero die Rede später veröffentlichte, spricht nicht notwendig für einen erfolgreichen Ausgang seiner Sache.

Wenn es also wirklich zutraf, daß Fannius noch etwas an Roscius zu zahlen hatte, war dies ein weiterer Grund, daß er nicht aus dem Gesellschaftsvertrag klagte, sondern aus dem Schuldversprechen aus Anlaß des Vergleiches. (Ein juristischer Grund konnte auch sein, daß die Gesellschaftsforderung jetzt durch Novation erledigt war; aber wir kennen den Wortlaut des Vergleiches nicht.) Denn im Verfahren *pro socio* als *bonae fidei iudicium* wurden a l l e ausgleichspflichtigen Gesellschaftsgewinne gegeneinander ipso iure verrechnet und dem Kläger nur der Saldo zugesprochen,[12] im Ergebnis fand also h i e r eine prozessuale Aufrechnung statt. Tatsächlich wird sich aber sogleich zeigen, daß die Behauptung Ciceros, Fannius habe von Flavius noch einmal 100 000 erstritten, auf schwachen Füßen steht.

V.

Wie baut nun Cicero die rechtliche Verteidigung in dem also hoffnungslosen Falle auf? Der Anfang der Rede ist nicht erhalten. Das Überlieferte führt bereits in die Ausführung der Beweis-

---

[11] Zuletzt Arangio-Ruiz (Anm. 5) 301.
[12] Statt aller Wieacker, Zeitschr. d. Sav.-Stift., Rom. Abt. 69 (1952) 311 u. 318.

gründe gegen den Klaganspruch, die sog. *confirmatio*. Cicero
hatte offenbar kurz vorher (in der Sache zutreffend) gesagt, ein
abstrakter Geldanspruch könne nur beruhen auf Zahlung einer
Nichtschuld *(condictio indebiti)*, Darlehenshingabe, Litteralkon-
trakt (d. h. Lastbuchung des Gläubigers in seinem Hauptbuch
gegen den Schuldner) und auf Stipulation, dem abstrakten
Schuldversprechen des römischen Rechts. Von den beiden ersten
Gründen war hier unstreitig nicht die Rede. Was die beiden
letzten betrifft — mit denen das Überlieferte einsetzt —, so
betreffen wir Cicero hier sogleich bei einem Trick. Obwohl der
Kläger dies höchstwahrscheinlich gar nicht behauptet hat, insistiert er nämlich darauf, daß sein Mandant nicht etwa aus einer
Lastbuchung im Hauptbuch des Fannius (wie sie das römische
Recht als Verpflichtungsgrund anerkannte) schuldete; die dafür
erforderliche Eintragung finde sich nicht im Hauptbuch, sondern
nur im Geschäftsjournal des Fannius vor. Dabei treibt Cicero ein
verwegenes Spiel mit dem dreifachen Sinn der Worte *tabulae*:
Handjournal, Hauptbuch und Beweisurkunde.[13]

Der springende Punkt war vielmehr das Schuldversprechen,
das Roscius in seinem Vergleich seinerzeit abgegeben hatte. Darüber huscht Cicero seiltänzerisch mit ganzen vier Zeilen hinweg.
Hören wir ihn selbst: „Es bleibt nur noch das behauptete Schuldversprechen ... Fannius wäre etwas versprochen worden? Wo
denn? Unter welchem Datum? Vor welchen Zeugen? Wer hat
denn ausgesagt, daß (mein Mandant) etwas versprochen hätte?
— niemand!"[14] Um die Unverfrorenheit dieser Einlassung ganz
zu würdigen, bedenke man, daß der gegenwärtige Richter Piso
selbst den Vergleich vorgeschlagen und Roscius die erste Rate
aufgrund des Versprechens schon geleistet hatte.

Damit beendet Cicero schleunigst den juristischen Teil der
Verteidigung. Damit aber nicht genug, macht er sich jetzt noch
anheischig zu zeigen, daß Roscius nicht nur juristisch, sondern
auch moralisch einwandfrei gehandelt hat, sozusagen zum Über-
fluß und aus Respekt vor dem Richter Piso, vor dem Roscius

---

[13] Pro Roscio §§ 1—13. Gänzlich abweichend hält jetzt Arangio-
Ruiz a. O. 287 ff. die Litteralforderung für den Hauptpunkt des Prozesses.
[14] § 13 i. f. *Stipulatus es — ubi, quo die, quo tempore, quo praesente?
Quis spopondisse me dicit? Nemo.* Ganz anders wieder Arangio-Ruiz 287
u. n. 8

ohne Makel dastehen soll.[15] Er fragt also, ob Roscius etwa ursprünglich etwas schuldig war. Worauf soll denn eine ursprüngliche Verpflichtung des Roscius beruht haben? Etwa auf dem Gesellschaftsvertrag? Aber undenkbar, daß Roscius, wenn man sich
erst ihn ansieht und dann den schäbigen Kläger (vgl. bei Anm. 24),
ein Vertrauensbruch dem gegenüber zuzutrauen wäre.[15a] Fannius
hat ja damals nicht einmal gewagt, gerichtlich zu klagen, sondern
sich gleich auf ein Schiedsverfahren eingelassen, um gewissermaßen gnadenhalber noch etwas herauszuschlagen usw. Erst zum
Schluß geht Cicero auf den springenden Punkt ein, auf dem die
Klage mit Recht insistiert hatte (§§ 51—56): auch wenn Roscius
sich mit dem Totschläger Flavius seinerzeit nur wegen seiner
e i g e n e n Miteigentumshälfte am Panurgus verglichen hatte,
mußte er mit Fannius teilen. Hiergegen wendet sich nun Cicero:
Roscius war schon vor dem Vergleich gar nichts schuldig! Daß er
sich mit Flavius wegen seiner e i g e n e n Hälfte verglich, war
seine Privatsache — wie Cicero wider besseres Wissen behauptet.
Er bedient sich dabei einer irreführenden Analogie: wie bei der
Erbengemeinschaft dem Erben, stehe auch dem Gesellschafter
seine Quote gegen Dritte selbständig zu, und er könne sie auch
für sich selbst einklagen (§ 55). Gerade dies trifft aber nicht zu:
denn im Gegensatz zur Erbengemeinschaft waren zwischen Ge-
sellschaftern (damals wie heute) a l l e effektiven Gewinne in
Sachen der Gesellschaft gegenseitig abzurechnen.[16] Es ist schwer
zu glauben, daß der juristisch meist gut informierte Cicero das
nicht gesehen hätte. Er verwirrt vielmehr planmäßig die äußere
Einziehungsb e f u g n i s des Roscius als Miteigentümer und seine
innere Abrechnungsp f l i c h t als Gesellschafter. Dabei kommt
ihm zu statten, daß die Worte *socius, societas* den Doppelsinn
Gesellschafter, Gesellschaft und Miteigentümer, Miteigentum
haben.

---

[15] § 15 i. f. *Ille superior fuit oratio necessaria, haec erit voluntaria; illa
ad iudicem, haec ad C. Pisonem; illa pro reo, haec pro Roscio; illa victoriaw,
haec e x i s t i m a t i o n i s causa comparata.*

[15a] Cicero bedient sich hier der Empfehlung schon der sizilischen Rhetorik für die Herleitung von Wahrscheinlichkeit (εἰχός) aus der Charakter-
analyse: vgl. Longi, Le orazioni (Anm. 1) 142.

[16] Vgl. Anm. 12. Was Fannius und Roscius als Schadenssumme für den
getöteten Sklaven erstritten, war nach dem Zweck dieser *societas unius negotii*
unzweifelhaft zur Gesellschaftskasse zu bringen.

Und wenn er nun dem Gegner vorhält: Fannius seinerseits habe im Vergleich dem Roscius deshalb ausdrücklich Beteiligung an seinem etwaigen weiteren Prozeßgewinn gegen Flavius zusagen müssen, weil ein Gesellschafter das eben an und für sich nicht schuldig wäre — so ist das bare Schaumschlägerei. Auch Roscius hatte ja im Vergleich gerade das noch einmal versprochen, was er aus der Gesellschaft schuldete. Von diesem Versprechen des Roscius durfte Cicero freilich nun schon gar nicht sprechen, weil er es ja rundweg abgestritten hatte.

Aber warum hat dann Roscius schon die erste Rate bezahlt, wenn er gar nichts schuldig war? Ciceros reichlich lahme Ausrede ist: aus Kulanz und Friedensliebe. Und überdies kommt er jetzt vollends ins Gedränge. Cicero stützt sich ja jetzt darauf, daß damit Fannius wirklich in dem Vergleich seinerseits etwas versprochen hat. Und trotzdem soll der weitaus aktuellere Teil des Vergleichs, das unbedingte Zahlungsversprechen des Roscius andrerseits, vom Kläger einfach aus der Luft gegriffen sein?

Und nun kommt ein Überraschungseffekt. In Wahrheit — so sagt Cicero — hat Fannius noch einmal vom Flavius 100 000 Sesterzen eingetrieben, schuldet also seinerseits aus dem erwähnten Vergleich 50 000 an Roscius. Das sei nicht erweislich? Richter Cluvius, der in diesem Prozeß des Fannius den Flavius verurteilt haben soll, ist freilich nicht zur Stelle, hat aber zwei Ehrenmännern und Senatoren von der Geschichte erzählt, wie diese beiden beeidigt haben; undenkbar, daß solche Männer einen Meineid geschworen haben. Cluvius selbst hat freilich nicht geschworen, aber das macht seine private Mitteilung gewissermaßen noch unbefangener, noch glaubwürdiger, wie Cicero mit schöner Logik sagt.

VI.

Man kann einer solchen Art zu plädieren, nicht gerecht werden, wenn man nicht einiges Allgemeinere über die antike Rhetorik sagt. Sie ist eine Schöpfung der griechischen Sophisten und nichts als eine Kunstlehre, mittels des gesprochenen Wortes auf öffentliche Angelegenheiten zu wirken; genauer die Lehre, recht zu behalten. Das bedeutet, daß ihre Absicht auf Überredung, nicht auf Überzeugung ausgeht, und damit leider auch, daß auch die Überredung durch Verdrehung und Lüge erlaubt ist.

Natürlich revoltiert der moderne, sachbestimmte Mensch gegen eine solche Lizenz. Auch der griechische Geist selbst hat seit Sokrates immer wieder Einspruch gegen so bedenkliche Absichten erhoben, und noch schärfer lehnte sie die altrömische Rechtschaffenheit ab. Als um die Mitte des 2. Jhs. der gefeierte Karneades nach Rom kam und als Bravourstück am ersten Tag für die Gerechtigkeit, am nächsten Tage ebenso kunstvoll d a - g e g e n sprach, war der Senat empört und reagierte schließlich mit Ausweisung der fremden Redner. Trotzdem setzte sich die Gerichtsrhetorik bald auch in Rom durch.

Dies alles wird uns moralisch verständlicher erst, wenn wir die ganze Leidenschaft der Antike für das vernünftigschöne Wort als unmittelbaren Ausdruck der öffentlichen Existenz würdigen. Man dürfte sagen: das gelungene Wort verändert gewissermaßen die soziale Wirklichkeit selbst und macht noch die Unwahrheit schließlich zur sozialen Wahrheit. In diesem Sinne ist der Redner *actor veritatis*. Und gestehen wir uns ruhig, daß es noch heute weite Bereiche der öffentlichen Rede gibt, in denen die Überredung oder Erbauung statt der Überzeugung als legitim gilt: die Festrede und besonders der Nachruf oder Anfeuerung, Ermutigung oder Trost der Wählerschaft. Ja, gerade die uralte Tradition der Predigtkunst, die den Gläubigen zum höchsten Heile überreden soll, wurzelt fest in der antiken Rhetorik.

Die antike Rede ist zugleich Kunstprosa, ja künstliche Prosa. Sie gehorcht der echt griechischen Überzeugung, daß erst methodische Lehre die natürlichen Fähigkeiten bildet und zu sich selbst bringt. Wenn das Wort (λόγος) *oratio* u n d *ratio*, also selbst Geist ist, wird es durch die Kunstvorschrift nicht beengt und gefesselt, sondern vielmehr entbunden und gesteigert. Die griechische Leidenschaft für das Wort und die Methode hält es mit dem Famulus Wagner: „Allein der Vortrag macht des Redners Glück" und will von Fausts Einspruch „Sei kein schellenlauter Tor! Es trägt Verstand und rechter Sinn Mit wenig Kunst sich selber vor" (Urfaust, vor 1776) ebensowenig wissen wie von Catos altrömischem Protest: „Halt dich an die Sache; die Worte kommen dann von selbst." Und bis zum Ende des 18. Jhs., bis zum Natur-, Genie- und Originalkult Rousseaus und des Sturm und Drang (für den eben damals im Urfaust Goethe spricht) hat ganz Europa diese Überzeugung geteilt und die antike Kunstrhetorik beständig gelehrt und befolgt. Dem modernen Menschen erscheint sie als unbegreiflich verkünstelt, ja als unwahrhaftig. Wir verstehen sie aber besser, wenn wir uns erinnern, daß es noch heute weite Kulturbereiche gibt, in denen ebenso unbedingte Anforderungen an die formale Durchbildung des Ausdrucks als selbstverständlich gelten: so auf der Bühne, beim Kunstgesang oder Instrumentalvortrag, vor allem bei der musikalischen Komposition selbst. Es ist kein Zufall, daß alle diese Bereiche in engstem geistesgeschichtlichen Zusammenhang mit der antiken Rhetorik stehen.

So gibt es kein artifizielles Element der Redekunst, dem die antiken Lehrbücher nicht die höchste Aufmerksamkeit schenken. Stimmbildung *(figura vocis)*, sprachlicher Ausdruck *(elocutio)* und Gestik des Redners *(corporis motus)* sind genau vorgeschrieben. Ein Gaius Gracchus läßt sich zu Anfang seiner Rede von einem Sklaven mit einer Stimmpfeife den Einsatzton angeben, um sich später bei der Steigerung nicht zu überschlagen; nicht wohllautende Konsonantenfolgen werden vom Publikum ausgezischt. Beides versteht man wieder leichter, wenn man an den heutigen Bühnen- oder Gesangsvortrag denkt.

Dem folgen in den Lehrbüchern die Anweisungen über die Redeteile; die Mittel der Gewinnung des Hörers (wie die heute noch oft genannte *captatio benevolentiae);* die Schluß- und Redefiguren, die Auffindung, die *inventio,* und die Gliederung der Argumente. Für die Gerichtsrhetorik, das *genus iudicale,* wurden besonders fein ausgebildet die Lehren von der Auslegung der Gesetze, die Unterscheidung von Absicht (διάνοια) und Erklärung (ῥητόν) der Parteien und vor allem die Lehre von den Standpunkten (,Plattformen', *status)* des Sachwalters, besonders der *status coniecturalis,* d. h. die Beurteilung der Tatfragen nach vernünftiger Vermutung.[17]

[17] Hierzu Voigt, Ius naturale (oben Anm. 4), Beiträge IX—XXI (Leipzig 1871) 333—376 („Die Theorie der Rhetorik von der Interpretation der Gesetze und Rechtsgeschäfte"); anschaulich auch Stroux, Summum ius summa iniuria (Neudruck 1949) 25—40. Eingängiger Überblick zuletzt bei Büchner, Cicero (Anm. 2) 466—477.

VII.

Natürlich steht auch Ciceros Gerichtsrede unter diesen strengen Gesetzen; seine zivilen Gerichtsreden besonders, als Jugendwerke, sind Gesellenstücke der angewandten Theorie. Lassen Sie mich einige instruktive Züge an unserer (und an verwandten Reden) erläutern.

Den Aufbau erkennen wir besser an einer vollkommen erhaltenen Rede wie *pro Quinctio*. Sie beginnt mit dem *exordium*, das um Gunst für den Redner und die eigene Partei wirbt; ihm folgt die Sachverhaltsschilderung *(narratio)*, der der gewandte Sachwalter natürlich schon die richtigen Lichter aufsetzt; sodann die *partitio*, in der er den Aufbau seiner Beweisführung darlegt. Das Kernstück ist dann die Ausführung der Argumente *(confirmatio)* mit Zurückweisung der Gegenargumente *(reprehensio, confutatio)*. Die *conclusio* faßt noch einmal alles zusammen, und mit der *peroratio (conquestio)* klingt die Rede in beschwörendem Appell an das Gefühl der Hörer aus.[18]

In einer Überredungskunst, die den Hörer mitreißen, bewegen soll *(movere)*, ist das persönliche Argument ad hominem in einem Ausmaß üblich, das unsere Begriffe von Sachlichkeit verletzen würde. Zunächst hat der Redner alles zu tun, seinen Mandanten durch seine Vorzüge, sein Unglück, seine ungerechte Verfolgung usw. der Richtergunst zu empfehlen; er darf sogar in einer für unsere Begriffe fast beleidigenden Weise voraussetzen, daß er mit Vorurteilen des Richters rechnen muß.

Fast routinemäßig hat er seine eigenen bescheidenen Gaben, seine Unterlegenheit gegenüber berühmten Gegenanwälten[19] herauszukehren. Im stark aufgetragenen Lob des Richters kann er nicht leicht des Guten zuviel tun.

Man höre etwa die *peroratio* der Rede pro Quinctio: „Quinctius beschwört sich also, Gaius Ajuilius: möge ihm vergönnt sein, den guten Namen und die Ehre, die er bis zum Ende seiner Lebensbahn bis vor dein Gericht gebracht hat, auch unbeschidet wieder vonhinnen zu tragen; daß nicht ein Mann, dessen Rechtschaffenheit 60 Jahre über jeden Zweifel stand, nun mit Unehre, Schimpf und ärgster Schmach gebrandmarkt dastehe; daß nicht Sextus Nievius

---

[18] Vgl. sogleich bei Anm. 20.
[19] So in pro Quinctio § 8 gegenüber dem Hortensius; vgl. auch ebd. §§ 1, 3, 25 u. 77. Alte attische Tradition: vgl. Lysias in Eratosth. 1599.

(der Prozeßgegner) „sein Hab und Gut als Beute vertue; daß zu deinem Teile alles geschehe, daß Quinctius' bis ins Greisenalter bewahrter Leumund ihn auch auf den Scheiterhaufen folge".[20] Oder pro Roscio 15: „Denn hier handelt sichs um eine Richterschaft, die wir um ihres überragenden Glanzes willen auch im Einzelrichter so verehren müssen, als seien in dieser Prozeßart gleichsam alle Prozesse strengen Rechts, alle prätorischen Verfahren, alle außerordentlichen Schiedsverfahren einbeschlossen und inbegriffen".[21] Wenn das dem Ritterideal Europas mit seinem verhalteneren Stolz etwa als halt- und würdelos erscheinen sollte, so denkt die antike Natürlichkeit darüber ganz anders: seit Homers Priamos und Odysseus haben Wort und Gebärde des Schutzflehens dem natürlichen Ideal des antiken Bittstellers nie das mindeste benommen. Man erwartet vielmehr vom Angeklagten, daß er mit seinen Angehörigen in Trauerkleidung erscheint und Hilfe oder Gnade der Richter anruft (weshalb in Sokrates' ironischem Antrag, ihn als Wohltäter der Stadt im Prytaneion zu speisen, eine besondere Herausforderung der Richter lag).

Ebenso antik ist der ungehemmte Ausdruck des eigenen Selbstgefühls. Unter diesen unbefangen ihrer selbst frohen Menschen sind „nur die Lumpe bescheiden".

Durchaus erlaubt ist auch, gegen die andere Partei oder mißliebige Zeugen Haß und Verachtung zu säen[21a], wie sie heute kein

---

[20] *Pro Quinctio § 29: Itaque hoc te obsecrat, C. Aquili, ut, quam existimationem, quam honestatem in iudicium tuum prope acta iam aetate decursaque attulit, eam liceat ei secum ex hoc loco efferre is, de cuius officio nemo umquam dubitavit, sexagesimo denique anno, decore, macula turpissimaque ignominia notetur, ne ornamento eius omnibus Sex. Naevius* (der Prozeßgegner) *pro spolio abutatur, ne per te fiat, quo minus, quam existimatio P. Quinctius usque ad senectutem produxit, eadem usque ad rogum prosequatur.* Cicero nimmt damit Bezug darauf, daß die Rechtsfrage der *sponsio praeiudicialis* hier in der Tat die Infamie des Quinctius *ex edicto praetoris*, nämlich wegen dreißigtägiger Vermögensbeschlagnahme zum Zwecke der Generalexekution (*venditio bonorum*) war.

[21] *. . . et advocatio ea est, quam propter eximium splendorem ut iudicem unum vereri debeamus, perinde ac si in hanc formulam omnia iudicia legitima, omnia arbitria, omnia officia, domestica conclusa et comprehensa sint, perinde dicemus.* Von den drei genannten Verfahrensarten beziehen sich die erste unbestritten auf die zivilen Klagen, die beiden anderen vermutlich auf die prätorischen und die außergerichtlichen Schiedsverfahren.

[21a] So nach ausdrücklicher Vorschrift des Gorgias bei seiner Anleitung zur Technik des καιρός (auf der das *argumentum ad hominem* methodisch beruht).

Gerichtsvorsitzender und keine Anwaltskammer durchgehen
ließe. In der Rede pro Quinctio nennt Cicero seinen Prozeßgegner Naevius durchweg einen schamlosen Schnorrer, dessen
Gebaren übrigens ganz zu seiner niedrigen Abkunft passe[22]; dazu
einen verächtlichen Opportunisten, der sich nach Sullas Macht-
ergreifung zur siegreichen Partei schlug:

"Nur soviel sage ich: Alfenus ging mit denen und für die
zugrund, die seine Freunde waren; du aber, wenn schon
deine Freunde nicht siegen konnten, hast wenigstens dafür
gesorgt, daß die Sieger deine Freunde wurden".[23] Man denke
sich die Wirkung einer solchen Beschuldigung in einer Zeit
des ersten Aufatmens der Öffentlichkeit nach dem Gemetzel
der sullanischen Proskriptionen.

Über den Kläger Fannius in unsere Rede läßt sich vollends
Cicero so vernehmen: „Wer ihn noch nicht kennt, sehe sich diese
Type einmal genauer an: dünsten nicht förmlich seine Visage und
seine abrasierten Augenbrauen Bösartigkeit und schreien seine
Hinterlist aus? Besteht er nicht vom Scheitel bis zur Sohle (wenn
man überhaupt aus der äußeren Erscheinung eines Menschen
schließen will) ganz aus Tücke, Lug und Trug? Kopf und Brauen
rasiert er sich immer, damit an ihm auch ja kein Härchen von
einem anständigen Manne findet".[24] Die Invektive gipfelt in der
amüsanten Behauptung, Roscius habe die Komödienrolle seines
Kupplers nach dem Leben, nämlich nach seinem früheren Socius
Fannius, modelliert: „Denn wenn er den höchst verworfenen und
meineidigen Kuppler Ballio agiert, spielt er in Wirklichkeit den
Fannius; jene schmuddelige, unzüchtige und odiose Rolle drückt
er ganz in Fannius' Gehabe und Lebensart aus".[25] Hohe Magi-

---

[22] Nämlich scurra (‚Parasit‘).

[23] Pro Quinctio § 70 i. f. Ut alia omittam, hoc satis est: Alfenus (der
einstige Geschäftsfreund und Parteigenosse des Naevius) cum eis et propter
eos periit quos diligebat; tu postquam qui tibi erant amici, non poterant
vincere, ut amici tibi essent qui vincebant, effecisti. Man beachte die kunstvollen Gleichklänge und die Antithesenbildung.

[24] Pro Roscio § 20: ... qui non nostis, faciem utriusque considerate.
Nonne ipsum caput et supercilia illa penitus abrasa olere malitiam et clamitare
calliditatem videantur? Non ab imis unguibus usque ad verticem, si quam
coniecturam adfert hominibus tacita corporis figura, ex fraude, fallaciis
mendaciis constare totus videtur? Qui idcirco capite et superciliis semper est
rasus, ne ullum pilum viri boni habere dicatur; cuius personam praeclare
Roscius in scaena tractare consuevit ...

[25] ibid. Nam Ballionem illum improbissimum et periurissimum lenonem
cum agit, agit Chaeream (sc. Fannium); persona illa lutulenta, impura, in-

strate wie der hochmütige, angeblich voreingenommene Prätor
Dolabella werden nicht verschont: „Dolabella verharrt ganz und
gar bei seinem Übermut, wie der Adel zu tun pflegt: denn ob sie
nun im Guten oder im Bösen handeln, in beiden Fällen tun sie
sich hervor, damit nur keiner von uns nicht Hochgeborenen es
ihnen gleich tue."[26]
Zu den harmloseren Mitteln des Redners, sich beim Publikum
in Gunst zu setzen, gehört, was die antike Redekunst das *delec-
tari* nennt; wir würden sagen, das Amüsement des Hörers. Hierher gehört der rührende ‚human touch‘: „Wie hat sich nicht
Roscius mit dem Schauspielschüler Panurgus plagen müssen,
summo cum labore stomachoque..., denn je geschickter und
geistreicher einer ist, desto mehr echauffiert er sich beim Unter-
richt; denn es macht ihn nervös, wenn er so langsam begriffen
sieht, was er selbst so rasch aufgefaßt hat."[27] Hierher gehören
auch gesprächige Mitteilungen über Schauspielerkarrieren und
Stargagen.[27a] Am wirksamsten bleibt aber immer das Amüsement auf Kosten des Gegners, wie beim Kupplermodell Fannius.[28] Zu den unterhaltenden Schaustellungen gehört endlich
auch die umständliche, etwas marktschreierische Vorbereitung
zum rednerischen Kraftakt. Der Redner sagt etwa: was er bisher

---

visa, in huius moribus, natura vitaque est expressa. Unsere Übertragung hat
sich der adäquaten Wirkung halber gewisse Freiheiten erlaubt — Andere
Musterstücke dieser Schilderungskunst sind die Charakteristiken der Verres,
Catilina, Antonius und schon die des Anklägers Chrysogonus in pro Roscio
Amerino §§ 133, 59.
   [26] *Pro Quinctio § 31: Dolabella (quem ad modum solent homines nobiles;
seu recte seu perperam facere coeperunt, ita in utroque excellunt, ut nemo
nostro loco natus adsequi possit) iniuriam facere fortissime perseverat.*
   [27] *Pro Roscio com. § 31 Qui tamen Panurgum illum ... summo cum
labore, stomacho miseriaque erudivit. Nam quo quisque est sollertior et ingenio-
sior, hoc docet iracundius et laboriosius; quod enim ipse celeriter arripuit, id
cum tarde percipi videt, discruciatur.*
   [27a] *Pro Roscio § 29 sq.*
   [28] Vgl. eben bei Anm. 25. In Pro Quintico § 80 macht Cicero den Gegner lächerlich, der zwei oder drei Tage nach der Beschlagnahmeverfügung
gegen Ciceros Klienten in Rom siebenhundert Meilen weit in der Narbo-
nensis in Südfrankreich gegen dessen Güter bereits auf Grund der Verfügung
vollstreckt haben will: „Boten und Gesinde des Naevius sind also in drei
Tagen von Rom bis über die Alpen gelangt? Glückselig, wem solche Boten
oder vielmehr Flügelrosse *(Pegasi)* zu Gebote stehn!" Die Pointe ist schwach:
natürlich war es damals unmöglich, in drei Tagen diese Strecke zu bewältigen;
aber das Vorgehen des Naevius in Savoyen war rechtlich gedeckt, wenn
es wirklich nach Erlaß der prätorischen Verfügung in Rom geschah (was
Cicero nicht bestreitet).

geleistet habe, sei nur Kinderspiel gewesen; nun aber habe er das Gefühl, sich selbst nicht genug zu tun, wenn er nicht auch dies noch leiste; wozu er freilich alle Kräfte nötig haben werde usw.[29]

Nach diesen kurzweiligen Zügen wird man nicht erwarten, daß es die forensische Beredsamkeit mit der Wahrheit genau nimmt: sie will ja überreden. Und in der Tat erlauben und empfehlen die Lehrbücher der Rhetorik ohne Beschönigung die Lüge, das *mentiri*. Es liegt leider zutage, daß auch Cicero davon den reichlichsten Gebrauch macht. Das stärkste Stück in unserem Prozeß war wohl die ersichtlich lügnerische Behauptung, Roscius habe damals im Vergleich gar nichts versprochen, mit dem fast höhnenden Hinweis auf die fehlenden Urkunden und Zeugen. Wir hatten auch den ernstlichen Verdacht, daß es gar nicht stimmte, daß der Kläger Fannius noch einmal 100 000 Sesterzen vom Totschläger Flavius erstritt: gerade der natürliche Zeuge dafür, der Richter Cluvius in jenem Prozeß, wurde geflissentlich ausgespart; wahrscheinlich weil sein Zeugnis nicht zu gewinnen war.

Hier kannte offenbar die Not kein Gebot. Eleganter zeigt sich des Redners Kunst in der geschickten Verdrehung, im Vertuschen der für die eigene Partei ungünstigen Gesichtspunkte, im schnellen Ablenken auf Nebensächliches. Ich erinnere an die Behauptung, Roscius habe die erste Rate dem Fannius aus purer Großzügigkeit geschenkt, oder: Fannius habe ursprünglich das Schiedsgericht angerufen, weil er aus dem Gesellschaftsvertrag gar nicht hätte klagen können. Insgesamt könnte man sagen, daß bei ungünstiger Prozeßlage der Schwerpunkt der Taktik im Verdrehen der Rechtslage, im Verschieben der gegnerischen Behauptungen und im Aussparen der eigenen Schwächen liegt. Die moderne Auslegung kommt oft der wahren Sachlage gerade dadurch auf die Spur, daß sie diese Taktik systematisch in Rechnung stellt.

Die einzige Grenze für solche Taktiken mußte der Redner darin sehen, daß sie der eigenen Partei schadeten. Für die heutige Beurteilung ist oft die Erwägung ausschlaggebend, wie weit eigentlich Cicero mit Lügen oder Verdrehungen gehen durfte, ohne selbst gänzlich unglaubwürdig zu werden. Die größte Ge-

---

[29] Vgl. pro Quinctio § 14 sq. u. ö.; vgl. aber auch soeben (bei Anm. 15 und 21) zu pro Roscio § 15.

fahr war natürlich stets, daß der Gegenanwalt die Blöße später rücksichtslos ausnutzte. Das war dann zu befürchten, wenn man für den Kläger, also als erster sprechen mußte. Daher wird ganz selbstverständlich vorausgesetzt, daß der Redner des Klägers am kürzeren Hebel sitzt, weil der zweite Redner mühelos die Kunstgriffe des Gegners aufdecken und zerpflücken kann.

In der Rede pro Quinctio wird daher Cicero nicht müde, sich über die angebliche Ungerechtigkeit des Prätors Dolabella zu giften, der aus purer Schikane eine *sponsio praeiudicialis* (das römische Surrogat einer Feststellungsklage) so formuliert hätte, daß Ciceros Mandant als K l ä g e r auftreten und er selber als erster sprechen mußte.

VIII.

Wir würden uns aber das volle Verständnis der antiken Gerichtsrhetorik verbauen, wenn wir bei der amüsierten Entrüstung über diese Kniffe stehen blieben, der etwa Johann Ernst *Philippis* wackeres Buch von 1735 mit dem biederen Titel Ausdruck gibt: „Cicero, ein großer Windbeutel, Rabulist und Charlatan. Zur Probe aus dessen übersetzter Schutzrede, die er für den Quinctius gegen den Naevius gehalten, klar erwiesen."[30] In der antiken Welt waren diese Mittel legitim und viel bewundert, und diese allgemeine Billigung sagt etwas über das innerste Gesetz des öffentlichen Lebens der Antike aus. Ich habe schon zuvor erwähnt das ganz andere Verhältnis der mittelmeerischen Antike zum kunstvollen Wort und ihren anderen Begriff von Wahrheit der sozialen Existenz. Ferner ist in Rechnung zu stellen der spielerische und zugleich leidenschaftliche Kampfgeist des antiken Politen, dem alles öffentliche Tun zum Wettkampf, zum Agon wird. Auch der gemessene Aristoteles sagt ausdrücklich, daß man sich im Kampfe mit Worten ebenso wie mit seinem Körper wehren darf.[31] Weiterhin ist der Bürger des antiken Stadtstaates seinen Nächsten und Freunden unter allen Umständen mehr schuldig als der Sache; daher schuldet auch der Patron seinem Klienten mit dem vollen Einsatz der Person notfalls auch die Lüge als sittliche Pflicht; das bekannte *amicus Plato, magis amica veritas* ist anspruchsvollste Wahr-

---

[30] Nach dem hübschen Hinweis von Broggini, NJW 1962, 1653.
[31] Treffend Pugliese (Anm. 1) 21.

haftigkeitsethik, die sich bewußt gegen diese allgemeine Wertung des antiken Politen stellt. Und schließlich ist der scharfe und steitlustige griechische Verstand im Innersten davon überzeugt, daß gerade im skrupellosen Wettbewerb der Redner für Zuhörer und Richter die Wahrheit am ehesten an den Tag kommt. Auch hierüber spricht sich Aristoteles mit aller Deutlichkeit aus, wenn er sagt, daß die Redekunst wie die Waffe neutral, also als solche ethisch indifferent ist.[32]

In diesem Gesichtspunkt wird auch der erfahrere Jurist von heute einen berechtigten Kern finden. Zwar ist uns Heutigen die persönliche Parteilichkeit, die Lust am Trug und an der Deklamation, die Glück und Elend des antiken Menschen sind, so kaum mehr nachvollziehbar. Aber es liegt im Willen der antiken Redekunst zur Überredung doch auch ein Element, das noch heute der echten und legitimen Advokatur nicht fehlen darf. Unser Prozeßrecht erkennt die Dialektik der Wahrheitsfindung durch das Spiel der einseitigen Behauptungen und Gegenbehauptungen ausdrücklich an. Mehr noch: es ist Standespflicht auch des heutigen Anwalts, die für seine Partei sprechenden Gesichtspunkte einseitig zur Geltung zu bringen; nur daß diese Pflicht durch Wahrheitspflicht und Verbot der strafbaren Begünstigung stärker eingeschränkt ist als in der antiken Welt. All dies kann der Anwalt aber nur leisten, wenn er sich persönlich, d. h. streng genommen schon unsachlich, engagiert. In den lateinischen und wohl auch angelsächsischen Ländern wird das noch selbstverständlicher empfunden als bei uns; es ist kein Zufall, daß die größten Meister der forensischen Beredsamkeit, freilich auch ihre schonungslosesten Parodien (wie Daumiers Gerichtsskizzen und Dickens „Pickwick Papers") dieser Welt entstammen. Wir meinen auch, daß eine wohlbemessene Dosis kunstmäßiger Überredungstechnik sehr wohl der Integration des Rechts dienen kann: nämlich der stärkeren und leidenschaftlichen Beteiligung der Öffentlichkeit am Rechtswesen.

Wenn man dies alles bedenkt, kann man sich auch an Ciceros Plädoyers unbefangener freuen. Die natürliche Ausdrucksfähigkeit der Mittelmeerkultur ist hier durch eine feine und disziplinierte Kunst zur höchsten Wirkung gesteigert. Aber nicht einmal sachliche Tüchtigkeit ist ihnen fremd. Die Reden des jungen

---

[32] Pugliese aO 21 f.

Cicero sind Muster gewissenhafter Sorgfalt im Dienste des Mandanten. Sie sind natürlich frei gehalten, aber in der Regel
vorher Wort für Wort vorbereitet und einstudiert, mit der
ganzen Gedächtniskraft des antiken Menschen, der ein Ohren-
mensch, kein Buchmensch ist. Zu dieser Gewissenhaftigkeit gehört auch die sorgfältigste Vorbereitung auf die oft verwickelten,
auch für den römischen Laien nicht leicht durchschaubaren Rechtsfragen.[33] Wir können uns geradezu darauf verlassen: wenn
Cicero etwas juristisch Unrichtiges vorbringt, ist das meist nicht
Uninformiertheit, sondern böse Absicht.

Bewunderungswürdig ist dann aber vor allem die kunst-
mäßige formale Durchbildung der Rede bis ins kleinste Detail.
Ciceros Ehrgeiz wird gerade in diesen Jugendreden durch den
Wettstreit mit den gefeiertsten Sachwaltern der Zeit von einem
wählerischen Publikum gespornt — mag er auch, wie er selbst
nicht verschweigt, noch Anfänger sein und seine theoretische Ausbildung später vervollkommnet haben. Jedes einzelne Argument,
ja jeder Satz ist durch Wohlklang, Gleichklang, Antithese oder
Steigerung planmäßig auf die höchste Wirkung hin durch-
berechnet.[34] Von diesem Detail läßt sich hier, in der Eile, schwer
eine Anschauung geben. Wer heute am Schreibtisch nachrechnend
Unstimmigkeiten, ja vernichtende Selbstwidersprüche zu ent-
decken glaubt (so wenn Cicero eine *stipulatio* seines Mandanten
rundweg abstritt, später aber dreist von der *restipulatio* des Fannius in demselben Vergleich spricht), wird sich bald gestehen
müssen, daß sie jedenfalls keine Kunstfehler sind. Diese Reden
sind nicht für die stille Lektüre bestimmt, sondern für das Ohr[35];
und zumal der antike Hörer, der sich ganz der Wirkung des
Augenblicks hingab, war nicht disponiert, sachliche Widersprüche
zu Dingen zu registrieren, die vielleicht eine Stunde früher gesagt
worden waren. Noch der heutige Redner darf dies getrost ein-
kalkulieren, wenn er nur den Hörer zu packen wußte.

Später freilich sind Ciceros Reden als Musterstücke für
Lektüre und rhetorische Ausbildung veröffentlicht worden und
haben seitdem, zusammen mit den attischen Gerichtsreden, ihre

[33] Cicero verfährt hierin in völliger Übereinstimmung mit seinem
Ideal des Gerichtsredners: vgl. BARWICK (Anm. 1) 11 f. u. ö.
[34] Zum extremen Stilcharakter dieser Rede vgl. bereits Anm. 4 a.
[35] *Optime iudicant aures* (Quintilian).

unermeßliche, überhaupt nicht zu überschätzende Wirkung auf die spätere Antike und auf die ganze europäische Welt geübt. Erst im Laufe des vorigen Jahrhunderts ist das Schulfach der Gerichtsrhetorik, wie so viele andere formale Traditionen der alten europäischen Kultur, erloschen. Heute haben wir das Paradox, daß (im Gegensatz zum Theologen, der noch für die Kanzelrede geschult wird) der deutsche Jurist in seinem ganzen Leben nicht einmal eine methodische Schulung in der Kunst der Gerichtsrede erhält. Wenn wir darüber nachdenken, empfinden wir, welche Einbuße an Kultur des Gerichtssaales, an der dem Juristen unentbehrlichen Resonanz, ja an der Integration des Rechts in der Öffentlichkeit darin liegt.

IX.

Es gibt für dieses Zurücktreten der Rhetorik in unserer Rechtskultur freilich auch eine geschichtliche Rechtfertigung. Die Gerichtsrhetorik ist nicht das wichtigste Vermächtnis Roms an die europäischen Völker geblieben; auch in Rom selbst hat schließlich die streng sachliche Jurisprudenz der großen römischen Juristen das letzte Wort behalten, in der immer die der Überredungskunst abholde Nüchternheit des alten Römertums fortgelebt hatte. Vor allem im Zivilrecht setzte sich nicht der rhetorische Stil durch, sondern eine Entscheidungskunst, die sich allein durch das spezifische juristische Sachproblem leiten ließ; ja diese Kunst steigerte sich im Klima des kaiserlichen Dienstes in der hochklassischen Zeit zu einer Strenge, die in der Rechtsgeschichte aller Zeiten nicht wieder überboten worden ist.

Den Kontrast des fachjuristischen Stils mag ein einfaches Gedankenspiel erläutern. Den ganzen Handel unseres Roscius hätte einer der großen Juristen wohl mit wenigen Worten beschieden. In einem, höchstens in zwei lakonischen Sätzen hätte er den ganzen Sachverhalt u n d die Anfrage des Fannius zusammengefaßt, ob er die 50 000 Sesterzen fordern könne. Seine eigene Entscheidung hätte vermutlich in dem einen Worte „Ja" *(respondi posse)* bestanden; schon die kurze Begründung, daß im *stricti iuris iudicium* nicht aufgerechnet werden kann und Roscius also etwaige Gegenforderungen in einem neuen Prozeß geltend machen müsse, hätte er sich vermutlich als juristische Trivialität und Wortverschwendung erspart.

Ein letzter Blick zurück auf das hellenische Rechtsleben zeigt
erst ganz die nüchterne Größe dieser römischen Entscheidung.
Dort nämlich verschuldete das Fehlen einer traditionellen leiten-
den Schicht, die Unsachlichkeit und Emotionalität der Laien-
gerichte, vor allem aber eben der demagogische und advokato-
rische Geist der öffentlichen Rede[36] — zuletzt also die maßlose
Leidenschaft für das schöne Wort: trug all dies Schuld daran, daß
dieses begabteste Volk nicht nur des Altertums eine seiner wür-
dige Fachjurisprudenz so wenig hervorgebracht hat wie ein
dauerndes Reich; und auch, daß Roms großartig beschränkte
Sachlichkeit Hellas' unvergleichlicher Geistigkeit auf diesem Feld
den Rang ablief.

Als die Europäer im Hochmittelalter durch die Digesten mit
dieser großen Kunst der römischen Juristen bekannt wurden,
entwickelte sich daraus für alle Zeiten eine sachlich und technisch
bestimmte Rechtswissenschaft. Diese Herrschaft des gelehrten
Juristen hat Europa nicht nur Segen gebracht; aber sie schuf eine
neue öffentliche Macht, die über die Interessen und Emotionen
der Einzelnen wie der Völker hinweg eine von der Sache her be-
gründete objektive Entscheidung der sozialen Konflikte durch-
setzte, und die bis in unsere Zeit maßgebend geblieben ist. Es ist
zuletzt diese Sachlichkeit des Juristen, die in Rom wie in der
europäischen Welt den funkelnden Glanz der antiken Redekunst
verdunkelt hat. In der arbeitsteiligen und technischen Welt der
modernen Zivilisation ist für ihr wundervolles Spiel wenig
Raum mehr geblieben; und wer wollte entscheiden, ob wir das
mehr bedauern oder gutheißen sollen?

---

[36] So mit großer Entschiedenheit Fritz Schulz, Geschichte d. röm.
Rechtswiss. (1961) 66. Berechtigte Einschränkungen in der sorgfältig ab-
wägenden Studie von H. J. Wolff, Rechtsexperten in der griechischen
Antike (Festschrift der jur. Studiengemeinschaft Karlsruhe für den 40.
Dtsch. Juristentag [Karlsruhe 1964] 1—22, bes. 13), der statt dessen vor
allem die Eigenart der attischen Gerichtsverfassung und des Verfahrens
(14 ff.), daneben auch (zweifelnd) das Fehlen einer oligarchischen Führungs-
schicht mit juristischen Fachinteressen erwägt (13 Anm. 45; dort auch zur
Frage der attischen Exegeten).

Der Begriff der Gerechtigkeit

in der aristotelischen Rechts- und Staatsphilosophie. Von Dr. PETER TRUDE. Oktav. XVIII, 178 Seiten. 1955. DM 14,70
(Neue Kölner Rechtswissenschaftliche Abhandlungen Heft 3)

Die Gerechtigkeit

Wesen und Bedeutung im Leben der Menschen und Völker. Von Professor Dr. WILHELM SAUER. Oktav. VIII, 186 Seiten. 1959. Ganzleinen DM 18,—

Leben und Lehre

Eine Selbstdarstellung als Lehrmittel und Zeitbild. Von Professor Dr. WILHELM SAUER. Oktav. 215 Seiten mit 1 Bildnis. 1958. DM 13,50

Ein Leben für die Gerechtigkeit

Erinnerungen. Von Senatspräsident a. D. Geheimer Justizrat Dr. FRANZ SCHOLZ. Oktav. 164 Seiten. 1955. Ganzleinen DM 14,50

Die Rechtssicherheit

Von Senatspräsident a. D. Geheimer Justizrat Dr. FRANZ SCHOLZ. Oktav. VII, 87 Seiten. 1955. DM 9,60

Studien und Interpretationen zur antiken Literatur, Religion und Geschichte

Von GEORG ROHDE. Oktav. Mit 1 Frontispiz. X, 322 Seiten. 1963. Ganzleinen DM 18,—

Das Institut für ausländisches und internationales Strafrecht in Freiburg i. Br. 1938 - 1963

Von Professor Dr. HANS-HEINRICH JESCHECK. Oktav. 60 Seiten. Mit 2 Bildtafeln. 1963. DM 7,20

WALTER DE GRUYTER & CO. · BERLIN 30